U0017348

改變世界的
非凡人物

達爾文
CHARLES DARWIN

改變世界的非凡人物系列──

達爾文

文｜丹·格林

圖｜瑞秋·卡特斯塔勒

譯｜范寶文

叢書主編｜周彥彤

美術設計｜林家蓁

副總編輯｜陳逸華

總 編 輯｜涂豐恩

總 經 理｜陳芝宇

社　　長｜羅國俊

發 行 人｜林載爵

聯經出版事業股份有限公司

新北市汐止區大同路一段 369 號 1 樓

(02)86925588 轉 5312

2021 年 1 月初版

有著作權·翻印必究　Printed in Taiwan.

行政院新聞局出版事業登記證局版臺業字第 0130 號

本書如有缺頁，破損，倒裝請寄回台北聯經書房更換。

聯經網址｜ www.linkingbooks.com.tw

電子信箱｜ linking@udngroup.com

文聯彩色製版印刷公司印製

ISBN ｜ 978-957-08-5659-0

定價｜ 320 元

國家圖書館出版品預行編目 (CIP) 資料

改變世界的非凡人物：達爾文 / Dan Green 著，Rachel
Katstaller 繪，范寶文譯 . -- 初版 . -- 新北市：聯經，2021 年
1 月 . 64 面；14.8X19 公分

譯自：Little guides to great lives：Charles Darwin

ISBN 978-957-08-5659-0(精裝)

1. 達爾文 (Darwin, Charles, 1809-1882) 2. 傳記 3. 通俗作品

784.18　　　　　　　　　　　　　　　109018981

Charles Darwin

Written by Dan Green

Illustrations © 2018 Rachel Katstaller

Translation © 2021 Linking Publishing Co., Ltd.

This edition is published by arrangement with Laurence King
Publishing Ltd. through Andrew Nurnberg Associates International
Limited.

The original edition of this book was designed, produced and
published in 2018 by Laurence King Publishing Ltd., London under
the title Charles Darwin(Little Guides to Great Lives).

改變世界的
非凡人物

達爾文

文 丹·格林 Dan Green

圖 瑞秋·卡特斯塔勒 Rachel Katstaller

譯 范寶文

查爾斯·達爾文以「演化論」聞名於世——這是個能幫助我們解釋地球生物為何如此的理論。

達爾文提出「在自然界中，只有適應環境的生物，才能生存並繁衍後代」，這個想法是科學史上的重大發現之一，在十九和二十世紀時，改變了人們看待世界的方式。

達爾文並非靈光一閃就想出「演化論」。這是立基於前輩科學家們的研究，並歷經數十年的耐心工作，才得到的成果。

在達爾文的成長過程中，沒有人能想到年輕的他將會改變世界。
1809年，達爾文出生於一個富裕的大家庭。他們住在英格蘭的
舒茲伯利鎮，一座名為芒特莊園的大宅裡。

伊拉斯莫斯
（祖父）

瑪莉
（祖母）

蘇珊娜
（母親）

瑪麗安娜　　蘇珊　　凱洛琳　　艾蜜莉·
凱薩琳

達爾文有四個姊妹以及一個哥哥，他們一起長大。就像十九
世紀英格蘭每個有錢人家的男孩一樣，他喜歡在鄉間到處奔
跑、騎馬、打獵、賞鳥和釣魚。

羅伯特
（父親）

查爾斯

薛拉

沙皇

伊拉斯莫斯
（雷斯）

斯帕克

達爾文和哥哥雷斯是最好的夥伴。

他們在工具間建立了<u>化學</u>實驗室，在那裡面燒東西、玩結晶實驗，並且製造出可怕的惡臭。

達爾文常常惡作劇，也很愛冒險，例如：去偷摘果園的蘋果和李子。

達爾文八歲時，母親過世了。父親羅伯特·達爾文非常憂傷，所有的歡樂都遠離了芒特莊園。達爾文的姊姊們必須照顧年幼的弟妹。

接下來的幾年，達爾文被送到寄宿學校。全都是規定、
規定、規定。他討厭所有的課程，繼續惡作劇。
獨自待在戶外是他最快樂的時候。

我喜歡在郊外
探索和採集。

校長認為達爾文在應該學習拉丁文和希臘文的時候，卻在戶外浪費時間，所以非常生氣。但是，達爾文因此培養了對採集的熱情和敏銳的觀察力，這對於他日後以全新的方式了解自然非常有幫助。

十六歲時達爾文離開學校。他的父親安排他到愛丁堡大學學醫,當時雷斯也正在那兒讀書。達爾文再次感到無聊至極,而且他又很怕血,結果什麼都沒學到就因為兩門恐怖的課程而逃走了。

大學第二年，達爾文結交了專攻地質學和動物學的朋友。
他開始去上一些這方面的課程，卻發現同樣枯燥乏味。他
還是比較喜歡探索大自然，而他的父親並不贊成。

達爾文顯然當不成醫生，所以父親讓他離開愛丁堡。接著進行B計畫──到劍橋大學就讀，準備將來當<u>牧師</u>。

達爾文在劍橋過得很開心。再次找到一群對自然感興趣的朋友。比起宗教，他花更多時間研究植物，並且贏得「劍橋最棒的甲蟲採集者」之一的好名聲。

有一天，達爾文外出採集甲蟲時，注意到樹皮下藏著一隻漂亮的甲蟲，但是這時他兩手已經各抓了一隻稀有甲蟲，於是他迅速把其中一隻放進嘴裡，再伸手去抓第三隻。

達爾文把嘴巴裡的甲蟲吐出來，並沮喪的看著第三隻甲蟲從眼前逃走。

達爾文通過考試並完成大學學業。然而，在他開始牧師生涯之前，卻出現意外的轉折。當達爾文結束在威爾斯的化石採集之旅，回到家時，他收到一位密友的來信。

1831/8/24

劍橋

親愛的達爾文：

我受邀推薦一位博物學家參與斐茲洛伊船長勘測南美洲的航海之旅。這項工作將包括蒐集、觀察和記錄任何博物史上值得記錄的事物。這趟航程為期兩年。別擔心你無法勝任，因為我確信你就是他們要找的那個人。

約翰·史蒂文斯·韓斯洛
劍橋大學植物學教授

達爾文迫不及待想接受這個探索世界的機會，沿途發掘新的動植物。然而，唯一的問題是，他的父親認為這趟旅行不僅危險、昂貴，更浪擲光陰。

幸運的是，達爾文的舅舅約書亞·韋奇伍德以這趟旅程對他有益，說服了羅伯特·達爾文。

這趟航程將是達爾文生命中最重大的事件，但是他必須先去會見斐茲洛伊船長。結果似乎還不錯。只是後來達爾文才知道，他差點因為鼻子的形狀，而丟掉這份工作！

當一切都商議好了之後，達爾文火速四處購買為期兩年所需的航行裝備：

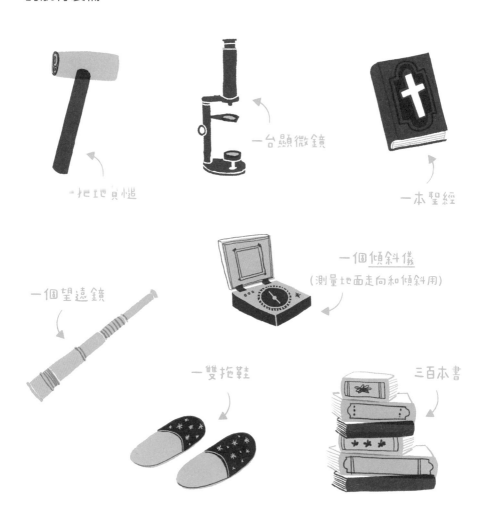

一把地質槌

一台顯微鏡

一本聖經

一個傾斜儀
(測量地面走向和傾斜用)

一個望遠鏡

一雙拖鞋

三百本書

當時達爾文並不知道，這趟航程最終將歷時五年才能回到英格蘭。

達爾文第一次看到小獵犬號時，他訝異於這艘船竟然這麼小。六十五位船員和九位乘客就塞滿了。

達爾文掛在桌子上方的吊床，距離船艙天花板不到1公尺。

下方船艙的天窗

斐茲洛伊船長的船艙

為船員新建的船艙

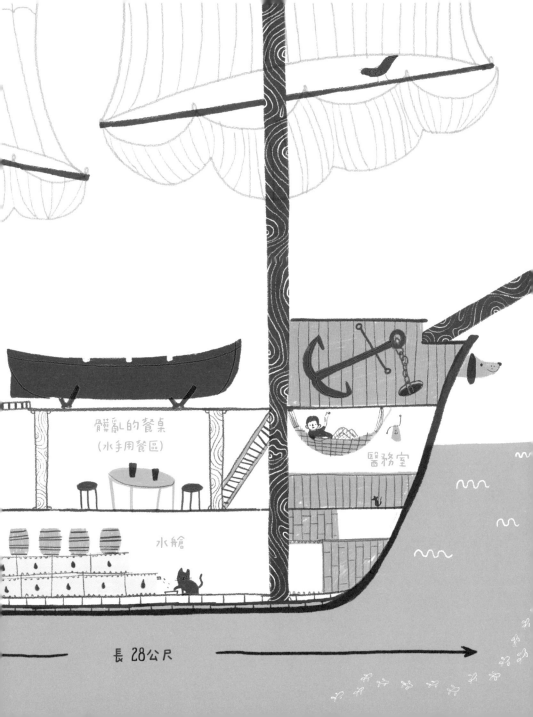

髒亂的餐桌
(水手用餐區)

醫務室

水艙

長 28公尺

1831年12月27日小獵犬號終於啟航。即使常常暈船，
達爾文還是喜愛船上的生活。他撰寫航海日記，也寫下
數百頁的筆記和信件。

普利茅斯

比斯開灣

中大西洋

維德角

加拉巴哥群島

里約熱內盧

普利茅斯，1831年12月

在普利茅斯的這兩個月是我最痛苦的時光。

比斯開灣，1831年12月

發現我的胃只能接受餅乾和葡萄乾。

維德角，1832年1月

蒐集到很多令人驚歎的章魚。上帝為什麼會在這沒人看得見的地方，創造麼多的美好事物呢？

中大西洋，1832年2月

我發覺船是個非常舒適的住所……要不是因為會暈船，全世界都是水手了。

赤道，1832年2月

那些從未跨越赤道的人是會被嘲笑、瞧不起的。好有趣。

里約，1832年6月

我對蜘蛛非常感興趣！

1831-1835年，從英格蘭到加拉巴哥群島

1835-1836年，從加拉巴哥群島回到英格蘭(途經澳大利亞)

赤道

澳大利亞

北

西 東

南

幾乎旅程中的每一站都讓達爾文感到驚奇，因為滿腦子（滿船）全是他從未見過的動植物。他盡其所能的發現很多新物種，打算贏得科學家之名。

達爾文製作網子拖在船後，用來捕捉海洋生物。上陸時則挖掘化石。在南美洲，他把巨大的犰狳頭骨費力的拉上船。

在阿根廷，達爾文和牛仔一起穿越平原探險。他聽說有種名叫美洲駝鳥的罕見鳥類，他想尋找卻一隻都沒看到。

然而，就在某次晚餐時，他發現自己塞進嘴裡的就是這種鳥！達爾文保留了這些骨頭和羽毛，並且將它們組合起來。

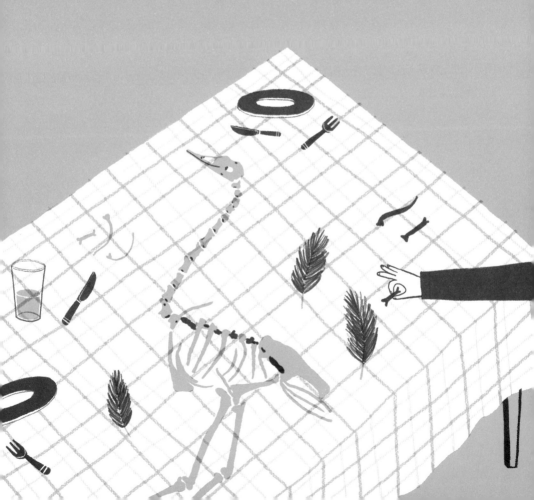

在繞行南美洲南端之後，小獵犬號於1835年初沿著智利海岸北上。在這兒，達爾文遇見兩件令他震驚的事──真的相當震撼！

首先，他親眼目睹奧索諾火山噴出岩石和火山灰。

接著，當他探訪瓦爾迪維亞市時，發生了大地震。

達爾文對地球的自然能量感到驚訝。他發現地震挪移了大片大片的陸地。假若這一切只發生在幾分鐘之內，那麼數千多年甚至幾百萬年以來，地球究竟經歷了哪些變化？

1835年9月，小獵犬號抵達加拉巴哥群島。最初，達爾文並不特別著迷於這十三個小小的、被太陽烤乾的火山島，他稱它們為「黝黑、看似陰鬱的破碎熔岩堆」。這黑砂像火爐一樣熱，很難在上面行走。

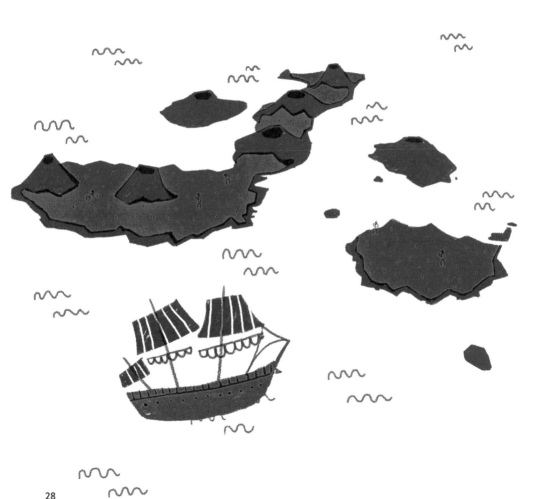

然而，達爾文很快就對群島上的物種多樣性留下深刻印象，其中包含了地球上其他地方沒發現過的動物。

他對於生物當初是如何來到這些遙遠的島上感到好奇，忙碌的繪製群島地圖，並且蒐集更多標本。

達爾文注意到島上的這些植物和動物，看起來與在大陸所見到的有一點類似，但又有一些關鍵性的不同。甚至在兩個島上，達爾文也發現動植物之間的差異。

島上最奇特的動物就是象龜。這些移動緩慢的龐然大物大到能夠讓人騎乘，而且只要有人太靠近，牠們還會發出嘶嘶聲。

加拉巴哥群島的首長告訴達爾文，他只要看龜殼的形狀就可以分辨出烏龜來自哪一個島。

胡德島

伊莎貝拉島

平塔島

這讓達爾文開始思考，在航行的最後兩年，他試著找出這些不同物種的起源。但在回到英格蘭之後，他才明白這些差異有多麼重要。

歷經五年的海上生活，達爾文很高興終於回到了英格蘭。他在1836年10月4日的午夜時分抵達芒特莊園。隔天早晨，正在吃早餐的家人看到他的出現，都非常驚喜！

接下來的兩年，達爾文在國內各地巡迴演說並撰寫探險見聞。
他也開始思索未來，並且確定他需要一位妻子。達爾文把結婚
也當作一道科學問題，列出了利與弊。

結婚的好處

・孩子
・年老時的忠實伴侶
　和朋友

結婚的壞處

・嚴重損失時間
・買書的錢會減少
　等等

最後，達爾文做了個不錯的決定——
向他的表妹艾瑪・韋奇伍德求婚。
他們在1839年1月結婚。

因為在小獵犬號航行中所蒐集來的奇特化石和標本，達爾文逐漸成名。1529個瓶裝的物種和3907個已標記的標本，讓達爾文和友人花了數年的時間才完成分類與編目！

1845年，他將探險故事集結成書，大受歡迎。

全名:《小獵犬號航海記》，這是在斐茲洛伊船長所指揮的小獵犬號環遊世界期間，對於所探訪國家的自然史和地質學進行考察的日誌。

漂亮的標題

但是達爾文並不滿足於撰寫探險事跡。他心中仍縈繞著長途航行中所見但尚未解答的疑問。地球上那些不同種類的動植物是怎麼來的？這就是後來達爾文所稱的「祕中之祕」。

這裡是一些困擾著達爾文的事物……

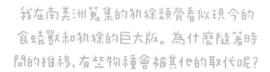

我在南美洲蒐集的犰狳頭骨看似現今的食蟻獸和犰狳的巨大版。為什麼隨著時間的推移，有些物種會被其他的取代呢？

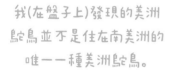

我(在盤子上)發現的美洲鴕鳥並不是住在南美洲的唯一一種美洲鴕鳥。

為什麼有兩種美洲鴕鳥住得如此近？

為什麼在地球上其他地方，沒有發現
澳大利亞或加拉巴哥群島上的動物？

達爾文感興趣的是演化論——植物和動物的種類並非一成不變，
而是會隨著時間改變——的想法。

演化不是一個新的想法，許多科學家都同意物種確實會隨著時間
改變——絕種生物的化石就是證據。然而，他們對於這種改變是
如何發生的？尚未達成共識。

關於演化如何發生的想法，最廣為
人知的是十九世紀初期的法國科學家
讓-巴蒂斯特・拉馬克所提出的。他認
為，生物最常使用的特徵和行為會逐漸
發達，而且這些改變會傳給牠們的後代。

拉馬克的理論試著解釋長頸鹿如何發展出
長脖子。他的想法是這樣的⋯⋯

古代，短脖子的長頸鹿伸長脖子，
以便吃高處枝極上多汁的樹葉。

改變世界的
非凡人物

達爾文
CHARLES DARWIN

生命自當創造與眾不同的意義

文/邢小萍｜臺北市永安國小校長

　　對兒童來說，能夠找到令自己嚮往的「英雄」，把他或她當成學習的典範，是成長過程中非常重要的一件事。聯經出版社這一系列「改變世界的非凡人物」介紹了六位對世界產生深刻影響的非凡人物：芙烈達‧卡蘿、愛蜜莉亞‧艾爾哈特、瑪里‧居禮、李奧納多‧達文西、查爾斯‧達爾文、納爾遜‧曼德拉；有三位女性、三位男性；他們的成就分布在不同的面向——生物學家、政治學家、藝術家、物理學家、女飛行員以及跨領域的專家。

　　這一系列讀物適合提供中高年級的孩子閱讀，六位譯者全是現職的小學英語教師，有豐富的教學經驗，及為孩子選擇多元閱讀文本的能力。透過他們對於譯文的專業以及對孩子的理解，將文字轉化成適合孩子閱讀的內容，孩子們可以自己閱讀，可以透過班級共讀，當然也可以組成讀書會，選擇有興趣的人物進行深度對話、相互討論。

　　這六位非凡人物分別跨越美洲、歐洲、中歐、非洲，出生的年代從十五世紀到二十世紀，這些人物的生活環境無法與現在相提並論，或許都曾經歷世界重大的轉變，例如：革命、世界大戰、種族隔離……，因為外在環境的困頓，造就這些人物共同的特質：喜歡探索、有創造力、恆毅力、不怕困難、不輕易放棄，所以他們經常可以得到「史上第一」或是「世上唯一」的稱號。這些曠世成就並非偶然，無論他們生命的長與短，他們的故事能讓讀者深刻的感受——生命自當創造與眾不同的意義！

　　拿到這一系列作品時，一直在思考：世界上影響思考的人這麼多，為什麼選擇這幾位？為什麼沒有東方的代表人物？如果讓我來設計或挑選，我又會選擇哪些重要的非凡人物呢？身為一個推動閱讀的小學校長，當我在選書時，我會不會推薦這一系列的作品讓孩子讀呢？學校的英語教學團隊老師，一開始接觸這系列書籍，發現文字、圖畫容易讀，雖然翻譯的過程中也會遇到一些小小的麻煩（如專

讀完達爾文的故事，你一定對他的事蹟印象深刻吧！達爾文對這個世界充滿好奇心，而且他會不斷提問，並且仔細觀看事物，一步一步完成自己的推論。現在換你來挑戰，如果你也是一個具有強烈好奇心的人，你會怎麼做？

1、寫下一件你在自然環境裡看到，最感好奇的事。

_____

_____

2、想一想，這件事情為什麼讓你感到好奇？你想知道的是什麼？

_____

_____

3、寫下你認為要解答這個好奇的方法需要哪些步驟？

_____

_____

4、從觀察開始吧，畫出或寫下你對這件事情仔細觀察後的心得以及你的推論。

_____

_____

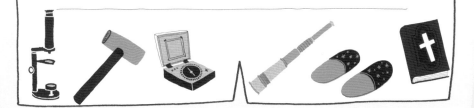

踏上改變世界的探索之旅

文 **范寶文** | 本書譯者、國小英文教師

你可曾駐足聆聽公園的蟲鳴鳥叫？可曾仔細觀察路邊的花草樹木？你可曾為遇見林間跳躍的松鼠而歡喜？可曾為發現隱匿草叢的昆蟲而喜悅？

投入大自然的懷抱，享受悠然自得的美妙時光，這可是達爾文的歡樂童年呢！

你注意過水果攤的水果嗎？即使是同一種水果，是不是每一顆看似一樣，又有那麼一點點不同？再看看自己的家人，是不是發現同是一家人長相卻不一樣，但又總有一些相同的地方？在有所發現之後，你是不是也急於尋找答案呢？達爾文面對自然界的一切生物，總是那麼的好奇，那麼熱情的探究，而且還樂此不疲呢！

流連於鄉間田野，騎馬打獵、觀鳥釣魚、探險採集——這是熱愛自然的達爾文！

循著興趣，找到志同道合的友伴，相互切磋；把握環遊世界的契機，擴展視野——這是勇往直前的達爾文！

即使常常暈船，還是寫下航海日記，而且持續五年從未間斷——這是堅持不懈的達爾文！

一再思索：自然界的各種動植物是怎麼來的？為什麼在地球上其他地方沒有發現這種動物？怎麼出現這麼多種類的鴿子……——這是愛思考、常追問的達爾文！

花費一輩子的時間與心力，觀察自然、提出問題、解答疑惑——這是全力以赴、追根究柢的達爾文！

達爾文所提出的演化觀點，同時激起世人的憤慨與驚歎，引起廣大的迴響，更為科學研究帶來全新的視野。

現在，就讓我們隨著彩色新穎又有趣的圖文，走進達爾文的生活；從歷經五年的航海見聞到多年的研究，跟著這位舉世聞名的博物學家踏上改變世界的探索之旅吧！

有名詞），但老師們認為可以一起共事學習，也是歡喜的成就一件美事！譯者老師們也在這個過程中也學習甚多！

　　首先，這系列作品對於女性人物的描述，充分彰顯性別平等的真正意涵！芙烈達‧卡蘿——一生受盡挫折磨難，仍然堅持自己對藝術的專注，在生命最後的階段，躺在展場大廳中的病床上，主持自己在祖國唯一且最後一場的畫展開幕；愛蜜莉亞‧艾爾哈特——在喜愛飛行並爭取女性飛行的權力過程中，創造無數的第一，儘管最後在航程中消失，但求仁得仁，相信她一定是無怨無悔，並擁有世人永恆的懷念與敬重。瑪里‧居禮——對於放射性物質的研究和發現，成為二十世紀中最重大的發明，更令人敬佩的是她永遠不居功，想到的是為更多的後續研究找到方向與經費，就連偉大的科學家愛因斯坦也稱讚她：「在所有著名人物中，瑪里‧居禮是唯一不被榮譽所腐蝕的人。」這幾位勇敢突破女性發展的天花板，在當時充滿性別歧視和偏見的工作環境和社會氛圍下，她們鍥而不捨的追求自己的理想，一次又一次的突破框架與限制，並且讓世人看見女性不是只能在家中洗衣、燒飯、縫紉和照顧孩子；她們一樣可以兼顧母親和做自己的角色，堅毅的逐夢。這是令人振奮的精采生命故事！

　　而李奧納多‧達文西——十五世紀中葉一個聰明又奇特的生命混合體：既是藝術家、數學家同時又是工程師和發明家。本書並沒有著墨太多在他的知名作品〈蒙娜麗莎〉，反而比較著墨在他對於各領域專業的探究精神和做法，尤其提到非常多次他的筆記，實在令人讚歎！查爾斯‧達爾文——這十九世紀很重要的「物種起源論」和「演化論」在書中有非常精采的介紹和說明，對於科學或生物探究有興趣的孩子們，值得詳細的閱讀喔！而活到九十五歲的南非首位民選黑人總統納爾遜‧曼德拉先生，他為種族平等所付出的努力和犧牲，對比現今的政治現場，更讓人欽佩。

　　傳記可以有不同的呈現方式，這一系列中高年級適讀的人物故事，希望能成為孩子自主學習和促進社會參與的典範，值得推薦！

改變世界的 非凡人物 系列

因為他/她們，世界變得更精采!

本系列精選六位來自世界各地、涵蓋各個領域、跨越時代與性別的人物，用優美的插圖、簡單易懂的文字，介紹他們所面對的困境、成就的事蹟，以及為這個世界帶來的改變。

透過這幾個非凡人物的生命故事，帶給孩子一趟啟發之旅。發現自己的天賦，勇敢追逐夢想，從現在就開始!

全系列6冊

達文西

芙烈達

曼德拉

艾爾哈特

瑪里・居禮

達爾文

當牠們向上伸展時，牠們的脖子就變長一些。

然後牠們將這些改良的、較長的脖子傳給後代。

諸如此類的理論並不正確，但是它們確實讓達爾文去思考這到底是怎麼一回事。

達爾文有很多事情要想，但是他的生活也充滿了讓人分心的事──他現在有個大家庭要照顧，而且自己的健康也不佳。他決定離開煙霧瀰漫又骯髒的倫敦，搬進郊區一間名為「唐恩宅」的大房子。寬廣的花園成為他的實驗室。

達爾文從事園藝和養鴿。他開闢了一條長長的小徑，可以每天一邊散步一邊思考，他也和世界各地的許多人通信。在腦海裡，他一次又一次的回到加拉巴哥群島。

飼養鴿子讓達爾文親眼目睹生物有能力發生變化。飼主從看似不起眼的野鴿開始，竟然養出許多華麗的品種。他們之所以辦得到，是因為挑選具有特定特徵的野鴿來飼養。

大眼睛

多摺羽毛

像孔雀的尾羽

冒鼓起的嗉囊

羽狀腳

以人為的方式將想要的特徵遺傳給鴿子的<u>後代</u>，這樣的過程
一次又一次的重複。這就是「<u>人擇</u>」。

當達爾文看見養鴿的人擇歷程，一切才開始明朗化。他意識到類似的歷程也發生在自然界，而且和他透過「天擇」的演化論不謀而合。這個理論是這樣的：

1. 生物為生存而奮鬥

比起讓自己活得久且擁有自己的後代，大部分的生物反而是生育更多的後代。

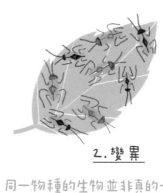

2. 變異

同一物種的生物並非真的一模一樣，彼此之間有很多小小的差異。自然的變異讓某些個體具有比其他個體更能適應環境的特徵。

3. 天擇

最適應環境的個體，就是最可能存活長久而擁有自己後代的個體。

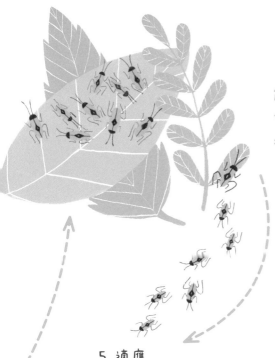

4. 特徵遺傳自父母

能存活得久而進行繁衍的個體，會把他們「優勝的」特徵遺傳給後代。

5. 適應

隨著時間的推移，族群中越來越多的個體一出生就具有那些「優勝的」特徵。這樣就讓族群更能適應牠們的環境。

6. 物種起源

當一群生物變得和原來的族群非常不同時，新的物種於焉誕生。

所有的想法都出現了。現在，達爾文要突破的是：把這些想法串連起來。

達爾文解開了疑惑！但是還有個大問題。他擔心他的理論將不被當時的社會所接受，特別是像他妻子艾瑪這樣相信地球上所有動植物都是上帝所造的人們。所以達爾文和一些朋友分享他的理論，卻未將這些想法出版成書。

寫下這些想法感覺像是承認謀殺。

也許我應該只書寫有關藤壺的巨著……*

*他寫了！

1858年，一切都改變了。達爾文收到一封年輕博物學家阿爾弗雷德‧羅素‧華萊士的來信。信裡所寫就是有關演化的理論！

竟然和達爾文的理論這麼類似，好像華萊士已經讀過達爾文內心深處的想法一樣。達爾文感到懊惱失望，如果華萊士在他之前發表這些想法，一切都將功敗垂成，多年來的努力都將付諸流水！

達爾文的朋友們說服他寫下自己的短篇文稿，並且把他和華萊士的理論一起在1858年7月於倫敦舉行的會議上宣讀。

由於理論已經公諸於世，不能再浪費時間了。

一年內，達爾文就緊鑼密鼓、快速的完成整本書。

在這本書裡，達爾文用人人都能懂的簡單語言，撰寫他的重要想法。書中第一部分解釋達爾文的演化論，其他部分則詳述數十多年來所蒐集的大量證據——囊括了從在小獵犬號航程中的發現，到在自家花園所觀察到的事物。

這本改變世界的書籍於1859年出版。

《物種起源》

《物種起源》一炮而紅，出版當天就銷售一空。

並不是每個人對達爾文的書都很讚賞。雖然他並沒有明確提到人類的演化，但很多人認為他的想法意味著人類是從人猿演變而來。人們怒不可遏，對這本書的激烈爭論遍及全國各地。其中最大的爭論發生於1860 年6月30日的傍晚。

上千人擠進牛津大學的禮堂觀看這場「大辯論」。群眾又是噓聲嘲笑，又是揮舞著手帕歡呼。甚至有一個人暈倒了。

達爾文的書激起強烈的情緒，因為人們喜歡人類在自然界中具有特殊地位的這個想法。很多人認為如果人類透過天擇而演化，那他們就和其他生物沒有區別了。

這是指我和人猿是親戚嗎？真荒唐！

人類確實和一般野獸不一樣！

達爾文是全英格蘭最危險的人物！

儘管有這些爭論，很多科學家
仍然熱衷於達爾文的理論，因
為這可以用來解釋很多我們周
遭所見的事物。不出十年，許
多民眾，甚至一些宗教領袖都
開始接受達爾文的想法。

達爾文現在已經聞名全世界，而且是科學界最出眾的人物。
不過，他不喜歡受到這樣的關注，相較之下，他更願意待在
家裡撰寫關於自然的書籍。這些著作包括一本有關蘭花的重
要研究和一本關於蚯蚓生活的出色作品。

1871年，在蒐集更多證據以及一些對他的理論正面回應的
鼓舞之後，達爾文出版了另一本書。

這次，他勇敢的將演化論套用在人類身上，提出人類、大猩猩、黑猩猩和紅毛猩猩是從共同祖先同時演化而來的。《人類的由來》備受矚目。現在人們對演化的想法比較不那麼震驚了。後來的研究發現達爾文的一些想法並不完全正確，但是他仍開啟了某些科學研究的新分支。

查爾斯·達爾文於1882年逝世，享年七十三歲。他光榮的葬在倫敦的西敏寺教堂，且很靠近艾薩克·牛頓(另一位超級有名的科學家)。

達爾文去世後變得更加有名，而且他的名字在世界各地被銘記……

……在動物的
名字裡……

達爾文蛙

達爾文地雀

……在地名裡……

南美洲的
達爾文山

……甚至在太空中

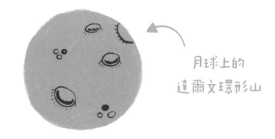

月球上的
達爾文環形山

達爾文是科學史上的傑出人物。他的本領在於仔細觀看事物，他與生俱來對這個世界的好奇心，讓他不斷的提問。最重要的是，他並不怕忠於親眼所見，即使那會使他走向激進的推論。

從如此簡單的起源，最後形成最美又最棒的形態，而且持續在演化中——這種看待生物的角度，真是非常偉大恢弘。

達爾文之後的生物研究

達爾文去世後，有越來越多天擇演化的證據被發現。二十世紀的很多新發現有助於解釋達爾文無法理解的事物。例如：曾有一度的爭議是地球太年輕，生物無法透過逐漸累積小小的變化而緩慢的演化。但結果顯示，地球實際上約有四十五億年的歷史，有充足的時間進行天擇，孕育現今我們所見的各種生物。

很多新化石的發現也提供一些演化史上的「失落之環」。如達爾文所預測，它們顯示人類和其他人猿是從共同的祖先演化而來。而且如果我們更往前追溯，便會發現兩棲類、鳥類、爬蟲類和哺乳類都來自同一個祖先。

演化記錄上缺漏的部分，在一百五十多年之後被填補。2004

年發現了提塔利克魚。這種奇特的生物生存於三億七千五百萬年前。牠居住在水中，卻具有海生和陸生生物的混合特徵。科學家們認為這說明了從魚類到兩棲類的演化轉變。

遺傳學

達爾文撰寫《物種起源》時，他並不知道個體之間是如何發生變異。遺傳科學提供了一個答案。

變異是由生物細胞裡的基因差異所造成。得自母親和父親隨機選擇的基因，在後代身上產生各種的不同組合。有時候由於突變——隨機的基因化學變化，就會造成較大的差異。

現今，科學家們仍舊忙於研究基因——誰知道接下來他們將有什麼驚人的發現！

幾乎在生物的每一個細胞中都有基因，是被稱為 DNA 的化學物質序列組成。

年表

1809年
2月12日，查爾斯·達爾文出生於英格蘭的舒茲伯利。

1817年
達爾文的母親逝世，他由姊姊們照顧。

1817年
達爾文被送到舒茲伯利的寄宿學校。

1831年
達爾文被告知有機會搭乘小獵犬號。
同年小獵犬號啟航，開始為期五年的航行。

1832年
小獵犬號探訪特內里費、維德角、巴西、阿根廷以及火地島。

1833年
小獵犬號探訪福克蘭群島。航海期間，達爾文做筆記並採集動植物的標本。

1837-8年
達爾文開始推敲演化論，絞盡腦汁思索物種的起源。

1839年
達爾文和艾瑪·韋奇伍德結婚。

1842年
達爾文離開倫敦，搬到肯特郡的唐恩宅。

1860年
全國各地都在討論達爾文的書。

1871 年
出版《人類的由來》。達爾文在書中將演化論應用在人類身上。

1882年
4月19日逝世，享年七十三歲。

1825年

達爾文的父親讓他到愛丁堡大學習醫。

1827年

達爾文放棄醫學院，開始在劍橋大學研讀神學。

1828年

偏愛研究自然的達爾文，開始上博物學課程，並且成為優秀的昆蟲採集者。

1834年

小獵犬號繞行合恩角(南美洲的底端)，駛向智利海岸。

1835年

達爾文花五週的時間踏查加拉巴哥群島。

1836年

走訪澳大利亞之後，小獵犬號繞過好望角(在南非)，返回巴西，最後回到英格蘭。

1840-1850年代

漸漸的，達爾文的演化論呼之欲出。他著手撰寫自己的想法，但是沒有出版。

1858年

阿爾弗雷德·羅素·華萊士寄給達爾文關於演化的理論，這竟和達爾文的想法非常相似，令人震驚。

兩個理論都在倫敦舉行的會議上宣讀。

1859年

出版《物種起源》。

現今

達爾文逝世後，發現了支持他的演化論的新證據。

查爾斯·達爾文是歷史上最有名的科學家之一，以觀察入微和對自然無限的好奇而名垂不朽。

查爾斯·達爾文

小辭典 *依內文出現順序排列

演化—
動物和植物的物種隨著時間推移而逐漸改變的過程。

理論—
嘗試解釋某件事物的想法。

適應—
為因應周遭環境變化而改變。

化學—
對於物質如原子、氣體、元素，以及它們如何相互作用的研究。

地質學—
透過調查岩石和土壤，對於地球的結構以及它如何隨時間而改變的研究。

動物學—
對於動物進行研究的一門學問。

牧師—
教堂或宗教團體的領導人。

化石—
數千年前的植物和動物被保留下來的遺骸。

博物學家—
研究自然界，包括植物和動物的人。

勘測—
調查及測量土地，通常用來製作地圖。

植物學—
對於植物進行研究的一門學問。

傾斜儀—
用來測量地表走向和傾斜的設備(特別是山坡或小山丘)。

赤道—
環繞地球表面中央的一條假想線。

物種—
有相同特徵的植物或動物所組成的特定群體。

標本—
由科學家調查且作為整個物種樣本的植物或動物。

起源—
事物的由來。

諸據—
用來證明理論是正確的資料。

後代—
孩子或是幼獸。

人擇—
由人類造成或影響的歷程或事物(非自然發生)。

繁衍—
使有親緣關係（例如：你是你的父母、祖父母、曾祖父母等等的後代。）

祖先—
動物或植物最原始的物種；新物種自此開始進行演化。祖先也可能是親近的親屬（例如：你的父母、祖父母或是曾祖父母。）

累積—
聚集，通常經過一段長久的時間而形成。

遺傳學—
對於特徵如何經由基因從一代傳遞給下一代的研究。基因是動物或植物DNA的一部分，DNA由前一代傳下來而且帶著關於個體特徵的訊息。

文　**丹・格林** Dan Green

獲獎無數的科普童書作者。從周期表到太空探索、氣候變化等所有科學事物，都是他所感興趣的領域。

圖　**瑞秋・卡特斯塔勒** Rachel Katstaller

出身於薩爾瓦多的設計師，以童書插畫、報紙插圖以及商業品牌設計為主。目前跟她的貓—海明威，居住在阿爾卑斯山地區。

譯　**范寶文**

英語系畢，常沉浸於閱讀天地，探索語文之奧妙，嚮往徜徉青山綠水間，享受優游自在的田園生活。